우리 시대 현대시조 100인선 95

이승 밖의 노래

이일향

태학사

우리 시대 현대시조 100인선　95

이승 밖의 노래

초판 인쇄 2006년 7월 4일 • 초판 발행 2006년 7월 7일 • 지은이 이일향 • 펴낸이 지현구 • 펴낸곳 태학사 • 주소 경기도 파주시 교하읍 문발리　파주출판도시　498-8 • 전화　(031)　955-7580 (代) • 팩스　(031) 955-0910 • e-mail　thaehak4@chol.com • http://www.태학사.com • 등록 제406-2006-00008호

ISBN　89-5699-082-5　04810 • ISBN　89-7626-507-6　(세트)

ⓒ 이일향, 2006
값 6,000 원

☞ 저자와의 협의하에 인지를 생략합니다.
☞ 파본은 구입한 곳이나 본사에서 바꾸어 드립니다.

1990년 "밀물과 썰물 사이" 회갑 축하연

1991년 윤동주 문학상 수상식장에서 와 주신 시조시인들과 함께

아버지(李雪舟) 米壽 축하연 후 한자리에서

정운시조문학상 수상을 하고 나서

차례

제1부 우렁이의 노래

아내	13
寂	14
日記 2	15
日記 3	16
指環을 끼고	17
우렁이의 노래	19
아이집 등불	20
枯死木 눕힌 밤에	22
흑진주(黑眞珠)	23
청미래넝쿨같이	24
막장	25
목숨의 무늬	26
어떤 풍경	27
내 가슴 당신의 제기(祭器)에	28
허(虛)	29
惜日堂詩·1	30
落果	31
감꽃	32

땅의 끝, 바다의 시작	33
귀뚜라미의 노래	35
문패를 내리며	36
일몰은 곡선을 그리며	38

제2부 밀물과 썰물 사이

밀물과 썰물 사이	41
구름 해법(解法)	43
회나무 독백	44
겨울비	46
가고 난 세월	48
타다가 남은 밤	50
고도(孤島)	52
가지 많은 나무	53
현관이 너무 넓어	54
정원반석(庭園盤石)	55
해바라기	57

마른 꽃 대궁이에도	58
벌목장(伐木場)에서	59
落日 앞에서	61
밤의 고동(鼓動)	65
이제 그만	67
패각(貝殼)의 노래	68
가을 단상(斷想)	70
絶島의 밤	71
그날의 기도	72
旅路에 서서	73
크레타 섬의 낙일(落日)	74

제3부 추억 하나 있었으니

추억 하나 있었으니	77
山이요, 江이신 님	78
강물은	79
鎭魂曲	80

어느 秋夕	81
용인 묘지에서	83
세월의 앙금	85
돛을 풀어 띄운다	87
상처는 봄풀 돋듯	88
소리 없이 흐르는 적막	89
계절의 한 끝을 밟고	90
새 목숨 갈아입고	91
이승의 강	93
쉬어가는 길	94
漁火가 있는 風景	95
지워지지 않는 시간들	97
織女	99
일몰 앞에서	100
노을	101

제4부 구름동행

日沒의 기도	105
備忘錄 1	107
備忘錄 3	108
備忘錄 4	109
備忘錄 5	110
어디로 가는 길인가	111
허무의 강	113
섬 밖의 섬	114
단풍나무 가지 끝에	115
안경을 닦으며	116
파도에 부쳐	117
거리에는 비 내리고	118
바람도 비켜선 봄	119
세월의 그늘	120
바람노래, 구름노래	121
還生(환생)	123
화려한 고독	124
구름 한 장	126
이승 밖의 노래	127

구름同行	128
세월의 염전	129
하늘도 무겁고	130

해설 하나의 흑진주로 남을 시인　　133
이일향 연보　　153

제1부 우렁이의 노래

아내

촛농이 타 흐릅니다.
내 눈물이 흐릅니다.

새하얀 모시 적삼
풀이 서고 싶었는데

'아내'란
참 고운 그 이름
아 허공의 메아리여.

(79. 10. 9.)

寂

'아내'란 그 이름이
빛바래진 모시적삼

남치마 받쳐 입고
나는 꽃을 꽂는다

幽玄한
靜寂을 불러
탁, 탁, 無常을 자른다.

日記 2

어디로 가야만 하나
내 집이 千里만 같다.

눈길은 萬里 먼 길
나누고픈 이 情話를

돌아와
앉은 빈 방에
하얀 孤獨이 기다리다.

主님은 하늘에 계셔
祈禱마저 못 미치고

차라리 끄으른 인간사(人間事)
응답을 듣고 싶다.

罪스런
이 바람 앞에
님은 너무 높으신가.

日記 3

새벽에 눈을 뜨다
장지 밖에 저 비 소리

시간의 형틀 밖에서
진종일 그림을 그리다

신앙도
虛勢였던가
아픈 물감을 짓이긴다.

종교도 이제 내겐
正常은 아니던가

지금도 목숨의
깊고 어두운 空洞에서

煉獄의
끓는 불길이
이글이글 타고 있다.

指環을 끼고

비취빛 남녘바다
굽이치는 그 파란 물

청람빛 물굽이에
한 점 떨군 세이론 섬

그 섬에
또 한 점 떨군
丹血인가 이 루비는

그 루비 고이 깎아
白金으로 물린 지환(指環)

하얀 내 손가락에
둥근 贖罪 끼워 놓면

흘리신 寶血이던가
내 가슴은 또 아파라.

몇 번을 더 걸러야
나의 피는 맑아질까

主여 당신께서
내게 주신 이 原罪를

오늘은
눈밭에 떨군
紅梅처럼 줍습니다.

우렁이의 노래

썰물 나간 이 갯벌엔
갈매기도 자취 없고

빈 껍질 우렁이가
제 몸 안고 혼자 운다.

구름도 부서진 구름
길 떠나간 포구 밖.

다스린 밀물 썰물
혼자 누운 이 한바다

비 젖은 꽃구름은
어느 배에 실려가고

돌아온 외갈매기만
하늘 흗는 나래짓*

(江華 앞바다에서 음력 설날)

아이집 등불

소나무 가지 너머로
새어나온 저 창 불빛

불빛에 얼굴 묻고
손주놈은 앉았는가

닫힌 창 밤은 깊은데
책에 묻힌 그 모습

밤은 이미 두 점인데
불은 그냥 켜져 있고

머리털 희끗한 아들은
상기 돌아 못 왔는가.

어느 먼 세상 끝 같은
등을 지켜 앉은 어미.

책가방 매어주며
고운 신발 신겨주며

학교길 재촉하던
그 시절도 꿈이런가

까치새 후루룩 날고
혼자 받는 아침식사

枯死木 눕힌 밤에

이른 밤 덧문 닫고
홀로 듣는 가을바람

쓸쓸한 산을 넘고
들을 건너 야윈 숲에

무리를 잃은 새 한 마리
구름 덮고 잠들까.

냇물은 잦아들고
새벽달 희미하다.

목숨의 허허벌판
버려진 촉루 같아

한 등걸 枯死木으로
내가 밤을 눕힌다.

흑진주(黑眞珠)

사랑을 범연히 하여
꿈으로만 물들었고
이별은 소문만 남아
저녁놀로 피어 있네
하늘로
돌아간 넋인가
눈감아도
빛날 별빛

청미래넝쿨같이

따르르 따르르 빈 방에 벨소리만 울려갑니다.

따르르 따르르 다시 한번 신호를 보내봅니다. 비워둔 사무실에서 집까지의 일 분 거리, 이승과 저승만큼이나 아득하고 먼 거리, 나는 끝내 숨죽일 수밖에 없는 이 相距에서 내 숨결 물든 낙엽이 가을바람에 흩어집니다.

주님, 고백합니다. 나는 멀고 먼 하늘나라에 계신 당신보다 가까이에 살아 숨쉬는 한 사람의 이웃이 필요합니다. 바람 불면 바람 부는 대로 등을 맞대고, 비비작거리는 저 풀잎과 같이 비비작이다가 쓰러지는 바람과 같이 한세상 열매 지고 떨어져 묻혀가는 가느단 숨결 작은 체온이 그립습니다. 주님.

청미래 넝쿨 같은 벨소리만 빈 방에 울려갑니다.
따르르 따르르 따르르.

막장

늦가을 뒷모습은
어디로 사라졌나.

사원 벌레소리도
폐허를 걷는 길손

세상은
막장과 같아
돌아갈 데 없어라.

목숨의 무늬

목숨의 그 절반은
연(緣)줄로나 짜인 무늬

소르르 끌어 당기면
잔향(殘香)이 매듭 풀린다

한 생을
감겼다 풀렸다
얼룩지는
목숨 무늬.

어떤 풍경

아홉 자
좁다란 방은
눈 감으면 넓은 사막

炎天에
타는 강물은
피 흘리는 목숨인가

아, 내일
열사(熱沙)의 내일이
砂丘처럼 누워있다.

내 가슴 당신의 제기(祭器)에

아무리 가시밭이어도
내가 밟을 계명의 길이 있습니다.

모든 걸 다 바쳐 당신을 찬미하는 데만 쓰고 싶은 日月이어도 아직은 덜 익은 果肉, 인간적인 表皮가 남아 영혼이 다 익기엔 단 이슬 맑은 바람이 내게는 소요됩니다. 사실 저는 외따로이기에 던져진 따가운 눈빛들이 화살이 되어 가끔은 가슴에 상처를 먹이는 때도 있지만 저는 아픔을 참고 이기는 법을 배웁니다.

나를 사랑하듯 네 이웃을 사랑하라는 당신의 말씀이 우리의 생명을 빛나게 하는 것도 알고는 있습니다만 참으로 덜 익은 이 果肉. 길 잃고 서성거리는 羊의 발걸음에 물린 그림자가 얼룩얼룩 온 몸에 둘리인 果肉입니다. 당신의 사랑이 南國의 햇살처럼 닿지 않아서 그렇습니까, 베푸심을 그 큰 베푸심을.

이 가슴 당신의 祭器에
충만하게 하옵소서.

허(虛)

혼자 미쳐 설레는 바다
혼자 가라앉아 우는 바다

하늘에 일며 지며
이승 밖을 도는 구름

갈매기
울음 소리에
목선 하나 밀려간다.

惜日堂詩 · 1

앞뒤로 발돋움한
南漢山 錦丹山 기슭

언제 처마 끝에
落日을 매달았나

지는 길 돌아왔길래
아쉬움은 더하네

천심을 휘어잡던
눈부신 그 무지개

어스름 풀려와서
惜日堂도 저무는가

벽난로 흔들의자에
고양이만 조으네

落果

사노라면 세월 한 켠에
낙과처럼 내려앉는다.

비바람 매운 서리
눈물맛도 젖어들고

파리한
마음 한구석
벌레 먹어 더 무겁다.

감꽃

흐르는 실바람에
하늘빛 흐르는 날

뒤란에 잠긴 고요
감꽃 하나 떨어지고

깊은 골
비둘기 울음도
산노을에 물이 든다.

땅의 끝, 바다의 시작
 -<로가>곶에서

여기는 포르투갈 북부
유라시아 대륙 최서단

거센 파도, 돌출한 절벽
백사십 미터 높이에

대서양 깊숙이 내밀고 앉은
<로가>라는 곳,

여기에, 땅은 다하고
바다가 시작된다는

누가 새긴 시비 하나가
刻字를 하고 있다.

이저승 통과문인가
스탬프를 찍어준다.

살아온 길 되돌아보니
가진 것 하나 없네

소유의 끝
체념의 시작
말해주는 이 로가 곳

온 길이 한 만 리라면
갈 길은 몇 억만 린가

귀뚜라미의 노래

축축이 젖은 풀밭길
가냘픈 다리 이끌면

세월의 무게가 실린
진한 기억의 흔적들

은방울 지우며 지우며
으스름을 절룩여 간다.

이슬비 무리지는
희미한 달 그림자

끊어질듯 이어지는
네 울음 실개천을

따르며, 이끌려 가며
달빛 속을 젖어간다.

문패를 내리며

산보다 무거운 문패
낙엽인 듯 내립니다

눈물 머금은 그 미소
가슴에 금을 긋고

애석한
이름 석 자를
당신 곁에 묻습니다.

가을비 다 개인날
山菊덮고 누운 그대

나직한 신음으로
바람도 흐느끼는데

들머리
피어난 안개
흔들리고 있습니다.

고향서 보내온 서류
호주도 바뀌었고

사위어 간 세월 저편
하늘마저 저무는데

한줄기
떠는 별빛은
어느 땅에 묻히리까

일몰은 곡선을 그리며

목숨은 시위를 떠난
등이 굽은 화살 같은 것

직선을 날자 해도
포물선을 그리면서

어느덧 비바람마저도
미끄러운 등에 업는다

마침내 결실이란
둥그러져 실린 무게

오늘도 바람을 끊고
날아가는 화살소리여

일몰은 곡선을 그리며
먼 지평에 부서진다.

제2부 밀물과 썰물 사이

밀물과 썰물 사이
-社稷洞詩

우리 집 뒤뜨락에 仁旺山이 내려와서
바위끝에 '醉巖'이라 깊은 글자 새겨놓고
사시절 솔바람 소리
나를 올려 놓습니다.

社稷골 터를 잡아 산 높이로 집을 짓고
비스듬 세월 기대 나를 살라 하시더니
당신은 천만리 먼길
훌쩍 떠나갔습니다.

밤 들면 떠오르는 우리 집 큰 등불을
모란 꽃밭 닮았다고 남들은 말하지만
나는 이 불빛조차도
감내하기 힘듭니다.

밀물과 썰물 사이 밟아가는 아픈 상념
아니다 소리치며 발자욱을 지워봐도
생각은 파도로 나가고

혼자 누운 海岸線

　지금의 우리 집 터는 英祖朝때 도정궁터로 英祖가 親刻한 醉巖이라는 岸刻이 있는 바 남편이 그를 號로 했었다.

구름 해법(解法)

열리는
한 바다인데
풀리지는 않는 바다

빨아도
얼룩만 지는
비릿한 내 육신이여

오늘은
흰 구름 한 자락
하늘 위에 내다 건다

회나무 독백

하 많은 생각들을
빈 하늘에 그리면서

회나무 속울음소리
휘모리로 치는구나

모든 것
불태운 자리
깊어가는
이 가을이여

땅 속 깊숙이에
더운 피로 묻은 뿌리

도려 낸 상처 같은
낮달 하나 걸어 두고

반 남아

이지러진 꿈
여기 심고
나 살 건가

겨울비

煉미사의 뜨락에
소리 없이 내리는 비

무거운 수레에 이끌려
세월 속을 가노라면

天涯의 저 끝까지 가
寒氣에
얼어 붙는다.

흰 국화 둥근 화환도
비안개에 흐려지고

움추린
겨울 한 끝을
낙엽과 함께 쓸며

돌이킬

日月도 없는
한 생애를 싣고 간다.

가고 난 세월

하늘이 무너지던 날
두 손으로 받쳐 봐도
땅 속에 두 무릎 빠지고
비명은 슬픔에 누질러
현실은 체념의 몫인가
백일(白日)마저 암암했었네

밑을 보면 솟아오르고
위를 보면 넘쳐나고
당신의 덩그런 두 눈은
더 덩그런 누대(樓臺)였던가
혼자서 지탱한 그 세월
굽이굽이 숨 차 올랐네

쏜 화살 던져진 포물선
전신으로 와 닿는 날
마른 피 흘리는 갈대
그 상심을 너는 아는가

금 가고 메마른 술잔에
뜨거워라 술을 붓는다.

타다가 남은 밤

내 숨결 불붙여 물면
이지러져 아픈 거울 속

타다가 남은 밤이
생각 속엔 재가 된다

옷걸이
걸어 둔 그리움
떨쳐 입고
어디로 갈거나

삶의 생채길랑
연기로나 가려 두고

한 사람 있고 없는 일
온누리의 흐느낌이여

살아 온

덧없는 이야기
등불 너머
가물거린다

고도(孤島)

어느 고도의 천 길 나락

그것도 캄캄한 동혈(洞穴)

파도는 기슭을 때리고

물결은 굴 속에 우네

이 밤도 숨 끊어질 듯

절규(絶叫)마저 끊어질 듯

가지 많은 나무

전화 한 통화에도
가슴 덜컹 내려앉다.

어제는 큰아이 일
오늘은 둘째아이 일

살얼음 조이는 마음에
어미 가슴 금간다.

바람이 없는 날에도
물이 드는 어미 마음

신령한 어미나무는
가지마다 흔들린다.

한 뿌리 한 가지라서
감겨드는 이 天心.

현관이 너무 넓어

현관 가득 어지러운 신발
꽂은 꽃도 푸짐했네

바람 불고 비 뿌리고
별자리 옮겨가고

하나씩 낙화는 지는데
외로 놓인 혼자 신발

여느 때는 좁아서 지쳤고
이제는 넓어서 우네

저만치 입을 벌린 채
혼자 앉은 항아리며

또 한철 목련은 이울고
돌아오지 않는 밀물.

정원반석(庭園盤石)

정 주면 환한 살결
눈길 주면 젖은 바람
세월을 주름잡듯
벌레 한 마리 기어가고
내 뜰에
옮겨 온 수십 년
돌도 이젠
말을 건넨다

세월도 금이 가는가
풀씨 하나 자라나서
그 풀씨 가녀린 잎에도
이슬 방울 올라 붙고
갈수록
생각은 무거워
나이테는
또 아파라

달빛 내리는 밤은
속살마저 밝혀들고
속으로 다지는 마음
나를 불러 뜰에 내린다
가만히
손길 닿으면
석향(石香)마저
묻어 났어라

해바라기

칠월 더운 하늘을
불 지르는 해바라기

금빛 화살을 날려
하늘 복판을 뚫어라

그리움
과녁을 몰고
빛무리로 감기거라

孤獨의 덫을 벗어나
歡喜로만 가는 화살

뜨거운 呼吸을 몰아
햇살로만 치닫는 꿈

하늘을
도는 구름도
네 둘레에 불타거라.

마른 꽃 대궁이에도

산철쭉 대궁을 꺾어와
강낭콩을 받쳐줬더니

넝쿨에 감긴 채로
산철쭉이 한참을 펴더라

마른 꽃 꽃대궁에도
피어오른 혼불이여

아무리 콩꼬투리가
줄줄이 매달려도

숨 죽인 산철쭉 대궁은
저녁놀이 타고 있더라

하르륵 꽃빛이 흔들려
별빛마저 타고 있더라.

벌목장(伐木場)에서

원목들 쌓인 벌목장
하늘도 더미로 쌓였다
내 가슴은 노목(老木)이 되어
구멍이 숭숭 뚫리고
기운 해
찬바람 소리가
피리를
불고 있다.

나무들 푸르른 고뇌
고즈넉이 숨죽이고
산울림 가로누운 채
수액(樹液)도 눈감았다
다음날
내비칠 문양
다듬어질
질량이여

한 생을 잘라 내면
장목(長木)만한 길인데
비 젖은 원목장(原木場)에
하루 해가 질척인다
예순 해
높이로 쌓이면
그 무게를
어이리.

落日앞에서

1.
예순을 바라봐도
나는 아직 여자였다.

뺨에도 콧등에도
못 지우는 세월 자국

아연한
살갗의 배신에
脂粉을 또 발라본다.

2.
저문 날의 찬 바람이
휘몰아칠 먼 광야에

봄 가을 드디어 올
상실의 내 겨울을

風化의
두려운 고문이
끊임없을 나날이여.

3.
세월이 한 잎 한 잎
떨어지는 꿈을 꾼다

패랭이조차 피지 않을
황패한 골짜기에

무겁게
떨어져 앉는
流星인가 바둑돌인가.

4.
깨끼적삼 그 너머에
얼비치어 곱던 속 살

이제는 뉘 볼세라
다독이는 회한 속에

地上의
별들을 비추던
옛 거울은 저물고,

5.
창가 노을에 앉으면
심장이 녹아 내린다.

뜨겁게 단장을 하고
안경이나 붙여볼까

맨 얼굴
차라리 그대로
落日이나 받아볼까.

밤의 고동(鼓動)

밤의 고동이 어디 있는지
미처 짚어 못 봤지만
호텔 불빛 현란한 속을
쏟아져 나온 인파, 인파들
제가끔
무리져 가는데
나만 혼자
거기 서 있네.

깃털처럼 부드러운 밤을
몸 하나 눕힐 곳 없어
아무리 찾으려도
내 사람은 하나 없네
내일은
드높은 저 하늘
펼치고픈
나래였는데……

맥박이 어둠의 심지에
불을 달고 싶은 밤은
목마른 이 갈구를
누가 있어 헤아려 줄까
절망이
꿈보다 진한 밤
잉걸불로
나 타리라.

이제 그만

 단풍나무 잎을 풀고 흰 모란도 오시었네

 떨어지는 물 소리 연못의 수초를 흔들어 보랏빛 꽃을 피우고 나는 갓 눈을 뜬 꽃봉 같은 은혜를 가슴에 안고 카메라 앞에 서서 웃는다. 그림이야 천하의 귀부인 온몸에 부러움을 받았지만
 행복은 그림이 아니여. 빛부신 꽃도 아니여. 이제는 울렁거리던 가슴의 비밀도 내겐 없고 아직은 따뜻했다 느껴지던 더운 피도 반은 식어 고동을 멈춘 채 어느 날 해는 저물어 마침내 새지 않을 밤은 오리니

 그제사 행복이란 이름의 너울 벗고 나 거기 누우리라

패각(貝殼)의 노래

아무도 갖지 않은 허공을
나는 혼자 끌어안는다

불의(不意)에 내 곁에서 당신이
사라지는 불안에 떨며

하늘의
신기루를 쫓아
나는 너를
안는 거다

세상은 거센 파도
나는 조그만 조약돌

아무도 듣지 못하는
혼자 소리 굴리면서

바다를

꿈꾸며 사는
하얀 패각
나의 사랑

가을 단상(斷想)

들풀들
물들어 눕는데
넝쿨들
팽팽히 매어라

시고 떫던 열매
슬픔도
단물 실리고

밟히면
소리로 우는가
은혜로운
이 가을 빛

絶島의 밤

봄은 고독의 王朝
바람도 몸을 앓는다

따라온 내 그림자
몸을 푸는 漢拏의 밤

絶島엔 荒凉도 고운가
철썩이는 파도소리.

그날의 기도

나뭇잎 어깨가 처지고
무더위도 숨이 죽고
우리 집 뒷마당에
지쳐 누운 매미 한 마리
노래는
어디로 떠나고
잔해(殘骸)만이
누웠는가

나를 이 세상에
목숨 지어 보내준 당신
연푸른 잎새들 거두고
낙엽마저 몰아가고
이제는
무릎 꿇을 그날의
순명 앞에
섰습니다.

旅路에 서서

잠든 기억을 흔들며
망각의 잔을 채운다.

우수에 젖은 갈대꽃
울음은 서걱이고

억겁의 시공 저 편에
뜨거운 편지를 띄우네.

언젠가 떠나기 위해
날개 속에 접어 둔 꿈

慕情은 둥지 못 짓고
하늘 끝에 나 섰는가

저 산도 못 내려오고
구름 한 장 누워있다.

크레타 섬의 낙일(落日)

구름 속에도 서 보았지 황혼 앞에 서 보았지
바람 불어 사랑이었고 구름 잦아 황혼이었고
그 온통 사랑이었네
에게해는 꿈이었네

죽음보다 더 먼 이승길 한 화폭이 여기 있네
저리고 아린 마음 선지피로 물든 바다
한 송이 낙일(落日)이었네
가는 배도 꿈이었네

더 벗을 껍질도 없는 더 내보일 속살 없는
불타며 끓는 노을 끓으면서 죽는 바다
사랑은 불바다였네
그 너머엔 한이었네

한 목숨 다 사루어 진홍으로 칠한 바다
더 태울 그 무엇도 이 세상엔 더 없어서
하늘도 마지막 하늘은
불을 질러 꽃밭이네

제3부 추억 하나 있었으니

추억 하나 있었으니

날빛에 이슬 같은
무지개 같은
순간.

일렁이는 파도 같은
그 순간도 있었으니

아련히 되돌아드는

돛배 하나
있었으니.

山이요, 江이신 님
- 具常선생님

詩는 산처럼 드높고
인품은 드맑은 강이네

나는 그 산 강기슭
피고지는 한 포기 풀꽃

사시절 그 慈愛 속에서
반백 년을 살았다네

팔십 년 문학의 길
높고도 아득하여

숲은 울창하고
샘은 흘러 새로워라

자비의 산이요 강이신
내 三生의 스승이여.

강물은

구름 속 묻혔어도
산은 거기 앉아 있고

세월 속 흘러가도
물은 거기 감돌아라

푸른 산 봉우리 안고
강물 되어 흐르는 나

까마득 생각을 지워도
눈시울 젖는 산은

아스라이 창궁에 솟아
잦아질 리 없건마는

봄 여름 가을 겨울 사시절
발목 적셔 흐르는 나

鎭魂曲

너는 내 아들
내 가슴의 별이었다
사랑하는 아내의 남편
세 자식의 좋은 아비
이제는 흙으로 돌아가
깊은 잠에 들었구나

백 년도 짧다는 목숨
거두어 간 마흔세 해
남기고 간 네 발자국
반석에도 찍혔느니
이승에 다 못한 꿈을
하늘에 가 누리거라.

어느 秋夕
-혜원에게

대청보다 더 넓은 침묵 네 祭物을 내가 담는다
어미노래 부르면서 들어서는 너의 모습
쓸쓸한 눈물의 秋夕
또 한해의 祭禮 올린다

연도를 올리다 말고 목욕탕을 황급히 찾는
울레야 울 수도 없는 속 눈물을 내가 쏟는다
맷돌로 갈아도 다 못 갈
스무 해 전 그날의 생각

아버지! 당신의 길을 어찌 제게 주십니까
무슨 罪 얼마나 지었기 뼈를 갈아 녹입니까
모른다 넌 아직 모른다
죽음보다 깊은 아픔.

썰물 나간 갯펄처럼 짜디짠 세월의 자리
내 목숨 다 준대도 메울 수 없는 자리
가슴에 맷돌을 얹고 갈

아픔이여 저승길이여.

미안하다 내 아가야 두려워만 하지말아
제상 앞 타는 장미 천지간을 녹이듯이
내 사랑 아비 눈물이
네 길 밝혀 줄 것이니.

용인 묘지에서

- 허무와 손을 잡고

빈손과 빈손으로
죽음 들고 찾아왔나

피지도 지지도 못한 채
솟아 있는 봉우리들

허무와 허무가 손잡고
등을 맞대 누워 있다

- 枯死木도 아닌 것이

석고도 아닌 것이
대리석도 아닌 것이

세월이 빚어 놓은

되돌릴 수 없는 것이

봉분 앞 소복의 여인
枯死木도 아닌 것이.

세월의 앙금

자꾸만 삐거덕거리는
일상을 걸어두고

피맺힌 시름이랑
서리 앉은 花園이랑

쌓이는
세월의 앙금
살얼음만 밟힌다.

내 꿈은 잠 속에서도
요령소리 들려오고

푸른 아침 공원을 거닐면
네 그림자 밟히는데

한 움큼
햇살을 뿌리며
나 오늘을 엮어간다.

돛을 풀어 띄운다

너 말고는 그 누구도
들어설 자리가 없네

풀 끝에 이슬도 같은
내 생애를 담아둔 가슴

불 맞은 사슴이던가
해가 저문 이 산자락

보이지도 만져지지도
아닌 것이 그리움인가

함께한 숱한 이야기
피라미떼 같은 기억들

잔잔한 그날의 강물에
돛을 풀어 띄운다.

상처는 봄풀 돋듯

눈물로 물 길을 터
사랑이라 이름한 강

잔잔한 그 물결에
배를 띄워 닿은 나루

너와 나
어미와 아들인
인연이라 이르리

소나기 밟아간 자리
저려오는 적막 속에

허기로 눌러앉은
지난날의 천둥소리

가슴 속
깔리는 상처가
봄풀 돋듯 하누나.

소리 없이 흐르는 적막
-일흔을 넘기며

낡고 허무러진 나룻배
긴 긴 강을 건넌다

어둠 한 잔 나눠 마시고
누가 나와 동행을 할까

세월은 옛집에 가 눕고
저 山 혼자 넘는 구름

가랑잎 잠드는 밤은
하얀 눈만 쌓이는데

지하의 魂 부르며 우는
지상의 아! 나의 詩

적막한 겨울은 또 가고
다시 오는 봄빛이여.

계절의 한 끝을 밟고

하루 하루 쌓아왔건만
무너져 내리는 탑

일찍이 강물이었던가
내 가슴에 이끌린 것

뜨거운 핏줄을 모아
서녘 하늘 타고 있다

계절의 한끝을 밟으면
나는 혼자 길 나그네

세월의 언덕을 넘어
청노루는 달아나고

무거운 어깨너머로
저녁놀이 젖어든다.

새 목숨 갈아입고

흔들리는 시력
멍멍해진 나의 청각

시간의 부스러긴가
이제는 건망증까지

마지막 남은 건 눈물 뿐
누가 나를 기다려주리.

삐걱거리는 차
돌다 멎은 연자방아

짧은 햇살 쪼개어 써도
모자라는 하루해인데

허공에 어둠을 안고
휘청거리는 인생이여

한 시절 고왔던 젊음
구름 타고 어딜 갔나

한없이 외로운 여정
그림자는 무겁다만

새 몸에 새 목숨 갈아입고
또 한 세상 살고 싶네.

이승의 강

봄은 흐느끼듯
목선에 실리는데

그늘진 구름이 드리워
하늘은 어두워라.

시간의 두레박질이여
하품하는 세월이여.

달빛에 구름을 짜서
三生의 옷 지어 입고

어스름 언덕에 앉아
얼레 풀어 연을 날린다.

서녘달 아득히 가는데
다 흘러간 이승의 강.

쉬어가는 길

여름밤의 반딧불인가
미로에 선 수유인생

안개 깊은 저 골짜기
흘러오는 저녁 종소리

저문 강
풀벌레소리
젖어드는 저 어스름.

諦念이란 강둑에 앉아
삶이란 쉬어가는 것

부서져 내리는 노을
흩어지는 너 갈대밭.

내 영혼
간구의 하늘에
하루해가 휘장 내린다.

漁火가 있는 風景

다시 한 번 듣고 싶어라
그 밀리던 파도소리

다시 한 번 보고 싶어라
눈 부시던 그 모래톱

차라리 섬이나 되어
내가 여기 뜨고 싶네.

새들은 나래 적시고
꽃은 피어 숨죽였는데

그 바다 불 붙인 漁火
내 눈썹도 불이 붙고

옷자락 묻어나는 갯바람
이 밤 다시 잠겨드네.

나 혼자 밟아보려네
더불었던 갯내음

돌아오지 않는 사람
거기 서성이는데

파도에 부대끼면서
나의 섬은 가뭇없다.

지워지지 않는 시간들

안개가 데리고 가버린
섬이 하나 가슴에 떠 있다

뭍에서 나를 데리고
이 섬으로 왔던 사람

섬과 뭍 다 남겨둔 채
빈 바다만 출렁이네.

까치놀 이끌며 거닐면
맨발을 간지르던 모래톱

갈매기 나래를 틀고
파도소리 부서진다.

霧笛이 이끌고 간 바다
지워지지 않는 시간들.

바람 불고 눈이 내려도
그 바다는 그대론데

그 섬은 어디로 가고
내가 여기 섬이 되었나

수평선 너머는 어딘가
하늘마저 가서 잠긴다.

織女

그 어둠 시루 속에
켜켜이 쌓아올려

이승 끝 외까마귀
눈물로 먹을 갈아

사무친
만단 회포로
실을 뽑고 앉았다.

일몰 앞에서

목숨은 시위를 떠난
등이 굽은 화살 같은 것

직선을 날자 해도
포물선을 그리면서

어느덧 비바람마저도
미끄러운 등에 업는다

마침내 결실이란
둥그러져 실린 무게

오늘도 바람을 끊고
날아가는 화살소리여

일몰은 곡선을 그리며
먼 지평에 부서진다.

노을

푸른 소망도 시들었나
무성한 절망의 넝쿨

이저승은 분간도 못하고
짙은 안개 덮인 채로

가슴은 그리움 에돌아
흘러가는 강물이었네.

사랑도 꿈도 잠들어
표류하는 이 허전함

흐드러진 꽃들도 갔는데
황량이 저문 벌판

山野를 적시는 옷소매
노을 속에 물이 든다.

제4부 구름동행

日沒의 기도

또 한 사람 가려고 한다
그제도 떠났는데

어제는 퇴원
오늘은 또 입원

창 밖엔 회색하늘 한 장
낮게 가라앉아 있다.

단풍나무 고목가지에
걸려 있는 늙은 하늘

멀어져간 시간들을
어디 가서 다시 찾을까

울대에 감기는 눈물아
아름다운 그 추억들아.

고독은 유배의 길
또 하나의 絶島라네

이승을 밝히던 인연들
길손처럼 떠나가고

불타는 저녁노을이여
아. 기도의 일몰이여.

備忘錄 1

봄 여름 가을 겨울
살아온 길 꿈은 추웠어라

영혼이 나비가 된다면
앉을 자리 어디 있을까.

막막한 넘어얄 언덕은
또 얼마나 남았을까.

이래볼까 저래볼까
홀로서 다독이는 마음

허허한 황량의 벌판
목숨의 길 더듬으며

마른 풀 뿌리에 걸려
휘어지는 이 강기슭.

備忘錄 3

한 세상 산다는 것은
추억의 집 쌓아짓기.

여울물 거슬러오는
피라미 떼 같은 사연

살아서 둘이 든 잔이
하나 되어 출렁이기.

우리들 나들이 길은
푸른 풀밭 새소리 길

드높은 가을 하늘
맑은 구름 그 너머에

설사 그 눈물이라도
둥근 무덤 짓고 싶다.

備忘錄 4

하늘은 영원한 향수
구름은 자장가여라

추억의 언덕을 넘어
건너오던 아지랑이

그 눈물
다 풀지 못하고
빈 터로만 남아 있네.

애끓는 그리움 보듬고
떠오르는 비상인가

숨겨온 상처는 어쩌고
놓쳐버린 손짓이여

쓸어진
그 봄의 날개짓
여윈 가슴 다 저무네.

備忘錄 5

아주는 가지 말고
아주는 저승길 가지 말고

그 길은 저승차사
요령소리에 맡겨두고

먼 혼령의 시간들
그 시간에 맡겨두고.

뒤쫓아오던 계절
등 너머에 벗어두고

떠나간 날의 젊음
낙엽처럼 지워두고

세월의 강물은 깊어라
저 세상은 더 깊어라.

어디로 가는 길인가

나직이 저문 하늘이
세월 베고 누워 있다.

나도 이제 내 자리로
돌아가긴 돌아가야지

어디로 가는 길인지
그 길 나도 모르지만.

추억의 마른잎 밟으며
골목길 돌아오면

자꾸만 줄어드는 시간
팔순이 턱을 고인다

아무리 아니라 해도
그 날은 다가오는데.

웃음도 울음도 아닌 것
그 무엇도 또 아닌 것

이마에 앉은 어스름
깊이 패인 이 주름살

벗어든 돋보기 너머로
내려앉은 능선들이여.

허무의 강

얼마나 많은 시간을
강물로만 흘려보냈나

바람도 한 점 없는데
흔들리는 체념의 몸짓

슬픔도
못 건너는 강물을
건너오는 빈 배 하나.

가슴 깊이 숨겨둔 너를
감출 수가 영 없어서

숙명이란 이름 아래
낙엽으로 덮고 누워

시름은
여위어만 가는가
갈대꽃만 흩어진다.

섬 밖의 섬

가뭄에 비 내리듯이
마른 풀잎에 젖는 이슬

꿈 속에도 만갈래 시름
이젠 나도 잠들고 싶네.

섬 밖에 섬아 있는가
노을 밖을 바라본다.

모란꽃 뚝뚝 지듯
산너머에 노을 지면

사무친 그리움은
하늘 넘는 만리장성

눈물도 누리고 싶어라
그게 설사 형벌이라도.

단풍나무 가지 끝에

단풍나무 가지에 걸린
멀어져 간 시간의 하루

피멍든 사랑이라서
가라앉아 水墨 되는가

七月은 막막한 바다
고독이야 그 유배지.

인연은 해후이던가
이별의 시작이던가

돌아와 닻을 내리니
단풍나무 가지 끝이네

저녁 해 다 저무는데
새 한 마리 와서 운다.

안경을 닦으며

산도 지나가고
물도 건너가던

내 푸른 날들의
푸르렀던 시간이여

안경에 얹힌 세월을
먼지인 듯 닦아낸다.

마음이 어두우니
눈이 어찌 밝을 건가

안경을 고쳐 써도
세상은 칠흑바다

암암히 묻히는 하늘
덮고 눕는 이 적막.

파도에 부쳐

살을 에는 옥살이 같은 방
팔베개한 냉 방바닥

잃어버린 날의 회억들
어디 가서 다시 찾을까

허공에
찍고 온 발자국
되돌릴 수 없는 시간들.

다 못 산 인생을 두고
물결 따라 가야 할 삶

조가비는 상처를 키워
진주로 만든다는데

때리고
부서져 가는
저 파도여. 해조음이여.

거리에는 비 내리고

마지막 지는 잎새
거리에는 비가 내리고

창 밖은 어둑어둑
또 하루가 저무는데

당신은 꺼지지 않는 등불
젖어드는 그 세월에

두드려도 두드려도
메아리 없는 세상

지워도 또 지워도
사무치는 파도소리

풀밭에 어스름 잠들 듯
나도 이제 쉬고 싶다.

바람도 비켜선 봄

사람이 산다는거야
천층 만층 구만층이지

체념으로 채우는 盞
남은 날을 바라보면

흰 구름 절벽에 한 자락
걸친 채로 타고 있다

아슬히 벼랑 끝에
바람이 비켜선다

멀지 않아 떠나야 할
세월의 징검다리

목숨이 저버린 봄을
沈默하고 살리라.

세월의 그늘

하늘 날던 내 푸른 날들
옆에 불러 눕혀 놓고

희끗한 세월의 그늘
망각 속에 묻어버린다

안경을 닦아도 보고
침침한 눈 비벼도 보고.

등피를 닦아내도
마음 속은 어룽지고

흔들리는 무거운 시력
연륜은 가눌 길 없어

어둠도 휘청거리네
허공에 뜬 눈발이여.

바람노래, 구름노래

-바람의 노래

숲 속을 떠돌다가
떡갈잎에 누웠다가

산도라지 보랏빛에
한참 앉아 취했다가

노을빛 가라입은 채
구름 타고 갑니다.

-구름의 노래

山寺 빈 뜨락에
산 그림자 눕혀놓고

강나루 찾아와서
나룻배 띄워놓고

아무 일 없다는 듯이
구름 떠나갑니다.

還生(환생)

맑은 영혼은
새처럼 날아가고

추억은 느닷없이
백발로 와 있는데

은하로 흐르는 인연이
먼 바다로 이어진다.

이승에선 건널 수 없는
내 마음의 거센 반란

어디에 몸을 던지면
너 더불어 환생할까

새벽별 돋아나듯이
내 귀 환히 열릴까.

화려한 고독
- 노불카운티*에 띄운 편지

쓸려왔다 쓸려가고
밀려와선 밀려가고

파도 타는 세월 속에
부침하는 당신 모습

고향집 달 떠오른 듯
아늑했던 임이섰네.

아이들 발자국 소리
썰물로 나간 환성

그 시절 잠이 들고
모래톱만 남았는데

바다의 문신이던가
새겨지는 파도소리.

오늘은 누가 와주나
누가 전화 걸어주나

기다림도 외로움도
심고 섰는 솔섶 너머

먼 바다 흐느껴 오는
海潮音을 듣는다.

*실버타운

구름 한 장

옛이야기 흐드러진
꽃 피는 계절이 와도

잃어버린 빈 울 안에는
꽃 못 피운 저 寒氣를

떠나는 꿈이라도 꿀 거나
아 '노불카운티'여

넘을 만큼 넘었는데도
다 못 넘은 山은 있는가

끝내는 세월을 삼키며
신발 벗고 앉아 울거나

떠가는 구름도 한 장
나도 혼자 그림자.

이승 밖의 노래

귀뚜리 울음소리
낙엽 따라 길 떠나고

세월은 이끼가 앉아
그리움은 이슬 맺힌다.

내 적막 형벌의 땅인가
어둠마저 물이 들고.

당신이 주고 간 눈물은
봄도 없는 유배지런가

아무리 떠올라도
넘지 못할 이승의 밖

빈 둥지 찾아든 일몰
노을이라 이르리까.

구름同行

산처럼 무거운 외로움
못 견디게 찾아든 밤

한생을 달려왔는데
닿지 못한 꿈이라네

아무도 아무것도 없어라
나 혼자뿐, 오직 빈손뿐.

세월 다 살았는데도
아무 대책 서지 않고

팔 벌린 枯死木이여
이별 같은 독경소리여

산문에 벗어 건 그림자
구름이나 同行할거나

세월의 염전

소금밭에 소금이 앉듯
통한만이 와서 앉는다.

날빛은 잦아버리고
들어난 하얀 소금기

내 손은 주름진 염전
짠 세월만 남았어라

하루 해 또 저물고
내 얼굴도 잊었는데

밤도 깊어 혼자인 시간
흰머리는 늘어나고

떠나는 뱃고동 소리가
염전에 와 포개진다.

하늘도 무겁고

내 몸은 고목이던가
자꾸만 굽어져 간다

승강기 속에서도
사람만 안보이면

뒷벽을 지릿대 삼아
등에 지고 내가 버틴다

그래도 승강기를 나오면
누가 볼 새라 곧추서고 싶다

그런데 마음은 앞서고
다리는 휘청거리고

보폭을 잡아보지만
그만 주저앉고 만다

밤이면 기지개 켜고
몸을 늘려도 보지만

위로는 하늘도 무겁고
등 뒤에 구들도 무겁고

마음은 허공을 잡아도
의지할 곳 없음이여.

해설

하나의 흑진주로 남을 시인

임헌영
평론가

1. 시인, 시조시인, 수필가의 3대 문인집안

시인 이설주(李雪舟, 본명 龍壽)선생을 아버지로, 수필가 주연아를 딸로 둔, 아래위로 문인을 둔 흔하지 않는 3대가 문학인에다 명문가인 행운의 집안 안주인이 시조시인 이일향여사다. 아버지에 대하여 이 시인은 "천래의 성품이 낭만적이었기 때문에 현실(살아가는 일)과는 늘 유리된 조금은 몽환적인 삶으로 걸어왔던" "외길 인생"으로 정리한다. "시인 아버지를 둔 탓에 나는 아주 어린 시절부터 온통 문학서적으로 파묻힌 집안 분위기에서 자랐었고 일본어로 된 문학전집, 시집"과 국내 시인들을 탐독하면서 문학 속에 빠졌다고 회상한다. 경북여고를 졸업한 이일향은 사회적인 혼란 속에서 "부모가 이끄는 데로 성주 토박이 신안 주씨(新安朱氏) 가문 둘째아들 주인용과 결혼", 여러 이유로 포기했던 대학 진학의 꿈을 "남편의 허락으로 1952년 대구에서 처음 생긴 효성여대 국문과에 입학함으로써 아버지의 뒤를 이어 시인의 꿈을 키워나가게 되었다."

이여사의 시인 수업은 "너는 문학적 호흡이 짧으니 시조를 배우도록 해라"는 아버지의 충고에 충실히 따른다. 여기에다 아버지가 "내 인생의 반려를 여읜 뒤에 / 아버지는 시를 공부하라 일러주셨고 / 부끄럽지만 나도 아버지와 같은 / 시인이란 이름표를 달게 되었다"(「시인」)는 구절을 주목하지 않을 수 없다.

아버지가 등한시했던 현실이란 시인에게 무엇이었을까? "남편은 60년대의 교육열기에 힘입어 대학교재, 검인정 교과서 등의 출판으로 사업의 성공을 거두자 꿈은 다시 부풀어 교육도 중요하지만 부존자원(賦存資源)이 부족한 우리나라로서는 세계를 무대로 외화를 벌어들이지 않고서는 나라의 앞날이 없다는 생각을 하게 되었고 마침내 출판업에서 일으킨 불꽃을 원양어업으로 확대시켜 나갔던 것이다."

성공한 사업가의 내조와 영특한 2남3녀의 어머니 역할

만으로도 분주하고 충분히 행복했던 게 이 시인의 '현실'이었고, 그래서 삶은 그녀에게 잠시 문학을 유예시켰을 터이다. 그런 행복한 이 여사에게 "신의 질투"처럼 "출근길에 나서야 하는 남편이 침대에서 쓰러졌고 이후, 2년이란 세월을 깨어나지 못한 채 눈을 감고 말았던" 때(1979. 10.9)가 49세였다. 이 어려운 시기를 전후하여 "사군자를 치기 시작"했는가 하면, 자살기도까지 했으나 이내 흔들리는 생을 다잡은 채 제2의 삶의 장을 열었다.

   1983년 드디어 『시조문학』에 추천되어 시단의 말석에 자리 잡게 되었고, 첫 시집 『아가(雅歌)』, 그리고 85년에는 『지환(指環)을 끼고』, 88년에는 『세월의 숲 속에서』, 89년에는 회갑기념으로 『밀물과 썰물 사이』를 잇달아 출간할 만큼 나는 시조 속에 묻혀 살았다.
―이일향 「안경을 닦으며」,

『성주문학』 2004년 제4호 게재, 위에서 인용한 글은 다 이 글에서 한 것임.

덧붙이자면 그 뒤 계속하여 『석일당(惜日堂) 시초』(1993), 『구름 해법』(1995), 『시간 속에서』(1996), 『목숨의 무늬』(1998), 『그곳에서도』(1999) 등 시조(시)집을 냈으며, 중앙시조대상(신인상), 윤동주문학상, 정운문학상, 노산문학상을 수상했다.

이 여사에게 문학과 시란 무엇일까. 아니, '나'란 존재는 무엇일까.

"구름 속 묻혔어도 / 산은 거기 앉아 있고 // 세월 속 흘러가도 / 물은 거기 감돌아라 // 푸른 산 봉우리 안고 / 강물 되어 흐르는 나 // 가마득 생각을 지워도 / 눈시울에 젖는 산은 // 아스라이 창궁에 솟아 / 잦아질 리 없건마는 // 봄 여름 가을 겨울 사시절 / 발목 적셔 흐르는 나"(「강물」)에서 '나'(곧 서정적 주체)는 자신보다 상위에 존재하는 대상(산봉우리로 상징)을 우러르며 그를 지울 수도 떠날 수도 없는 겸허하고 연약한 존재(강물로 상징)로 나타난다. 목소리가 큰 편에 활달한 이일향 시인의 겉보기와는 달리 자신의 삶, 자신의 존재론적인 본질을 이토록 파스칼 식의 연약한 갈대 인생론을 존재의 시원으로 삼고 있음은 시인이 지닌 신앙관과 동양적인 가족관이 겹쳐진 결과인 듯 하다. 시인이 우러르는 존재는 신일 수도 있고, 아버지와 어머니, 남편, 아들딸일 수도 있으며, 심지어는 어떤 사랑의 객체일 수도 있는데, 결단력 있는 시인의 모습과는 달리 자아(물)가 너무나 연약하게 상징되어 있다는 점이 이채롭다.

그 원인을 이해하려면 먼저 이 시인이 지닌 여성으로서의 존재인 '아내'와 '어머니' 역할을 살펴야 할 것이다. 「적(寂)」, 「아내」 등에 나타난 아내의 상(像)은 "빛 바래진 모시적삼"으로 촛농처럼 눈물이 흐르는 데다 무상(無常)을 자르는 "허공의 메아리"이다. 겉보기에 넉넉한 집

안의 다복한 안주인인 그녀에게도 나름대로의 인생살이는 고달팠을까. 고달팠다기보다는 '아내'라는 원초적인 의미 규정 그 자체가 시인의 꿈을 지닌 여인에게는 일정한 속박이었음을 부인하기 어렵다.

어머니로서의 존재는 어땠을까.「현관이 너무 넓어」,「가지 많은 나무」,「아이집 등불」 등을 통해 시인은 어머니 됨과 아이들을 노래하는데, 맨 앞의 시는 육아의 즐거움에서 성가(成家)시켜 떠나보낸 뒤 자신의 신발 하나만 당그라니 남은 현관을 노래한다. 두 번째 것은 제목만 봐도 알 수 있듯이 자식 기르는 세상의 모든 어미들의 노심초사가 절절이 묻어나며, 마지막 작품은 어느새 손자대로 내려가 할미로서의 자애로운 고민이 스며있다.

이런 가족적 집단 속의 '나'란 존재는 보편성을 지닌 아내와 어머니상이어서 안정감을 준다. 그러나 이 속에서만 안주할 수 없다는 데 시인의 아픔이 있으며 그게 문학의 몫이다.

바로 아내와 어머니임을 넘어서고 나면 모든 여성은 그저 "세상은 거센 파도 / 나는 조그만 조약돌"(「패각(貝殼)의 노래」)일 뿐이며, 그 조약돌의 고민이 곧 시인이 되기를 독려한다.

2. 시인은 진실과 대좌하는 존재

이 시인은 "시란 사람과 사람 사이, 또는 사람과 어떤 사물 사이에 오고가는 보이지도 않거니와 들리지도 않는 통로, 그 영감의 교감"이라면서 아래와 같이 정의한다.

> 그렇기 때문에 시가 꼭 이념이나 모럴을 정해놓고 거기 맞추어 들어가는 작업일 수만도 없겠지만 사람살이 그 근본의 의취에 어긋나는 것을 현학적으로 빚어내서는 안 되는 것이다. 그것이 서정이든 주지이든지 그 시인은 그 시인이 직면한 하나의 진실과의 대좌에서 속일 수 없는 자기만의 직시(直視)이자 목숨의 고백일 수밖에 없는 것이다.
> ―「안경을 닦으며」

이 시인에게 시란 삶에 바탕한 진솔한 자기 고백이자 관조(觀照)의 형상화로 중국 고전문학 중 공자(孔子) 쪽이기 보다는 오히려 노장(老莊)적 체취를 풍긴다. 즉 세월 무상의 비애와 죽음의 허망함, 자연의 여구(如舊) 속에서 느끼는 초로(草露) 인생론 등등의 동양적 허무주의 미학 방법론이 짙게 묻어난다.

세월은 금이 가는가 / 풀씨 하나 자라나서 / 그 풀씨

가녀린 잎에도 / 이슬방울 올라붙고 / 갈수록 / 생각은 무거워 / 나이테는 / 또 아파라

―「정원반석」

첫 행 세월에 금이 가는가란 반어적 표현이 연륜의 덧없음을 강조해준다. 인생 풀잎의 이슬론은 동양문화권의 보편적인 정서이며, 나이테가 늘어감을 아픔으로 표현한 건 인생고해 사상의 묘미다.

인생이란 그녀에게 "인간사 다 그런 것 / 이제사 알만하다. // 져가는 이 길목에 / 체관(諦觀)으로 따르는 잔"(「황사바람」)이다. 초로 같은 인생을 달관한 경지에서 시인은 잔을 따르는데, 거기에는 이미 회한이나 슬픔도 화석화되어 덤덤하다. 그렇다고 감각이 무디어진 것일까. "예순을 바라봐도 / 나는 아직 여자였다. // 뺨에도 콧등에도 / 못 지우는 세월 자국 // 아연한 / 살갗의 배신에 / 지분(脂粉)을 또 발라본다."고 기를 쓰지만, "패랭이조차 피지 않을 / 황폐한 골짜기에 // 무겁게 / 떨어져 앉는 / 유성인가 바둑돌인가."(「落日 앞에서」)라는 탄식 속에는 오기가 슬그머니 주저앉는다. 그래서 60대를 넘기고서야 다다른 인생론의 결정판이 "체관으로 따르는 잔"이다.

"예순 해 / 솔바람 소리 / 밤을 기대 서 본다"(「石燈」)는 60대란 "한 생을 잘라내면 / 장목(長木)만한 길이인데 / 비 젖은 원목장(原木場)에 / 하루 해가 질척인다 / 예순 해 /

높이로 쌓이면 / 그 무게를 / 어이리"(「벌목장에서」)라는 삶의 수확체감의 법칙을 느낄 연륜이다. 이제 이승에서 할 일을 웬만큼 마무리 했을까, 아니면 미처 못다 한 일이 남았을까를 저울질하고 싶을 때 일흔이 손짓한다.

"낡고 허물어진 나룻배 / 긴 긴 강을 건넌다 // 어둠 한 잔 나눠 마시고 / 누가 나와 동행할까"(「소리 없이 흐르는 적막 - 일흔을 넘기며-」)에 이르면 온통 모든 인생론이 늙음으로 축약된다.

> 나직이 저문 하늘이
> 세월 베고 누워 있다
> 나도 이제 내 자리로
> 돌아가긴 돌아가야지
> 어디로 가는 길인지
> 그 길 나도 모르지만
> 　　　　　　　　-「어디로 가는 길인가」

동서고금의 숱한 시인 묵객들이 노래했던 늙음과 유수(流水) 세월의 인생론 앞에서 이일향도 마주섰다. 아니, 늙음만이 아니라 지아비와 자식을 먼저 보낸 아픔도 곁들었으리라. 그래서 시인에게 삶은 "마음이 어두우니 / 눈이 어찌 밝을 건가 // 안경을 고쳐 써도 / 세상은 칠흑바다"(「안경을 닦으며」)로 보일 뿐이다.

늦가을 뒷모습은
어디로 사라졌나.

사원 벌레소리도
폐허를 걷는 길손

세상은
막장과 같아
돌아갈 데 없어라.

― 「막장」

　가을을 맞은 갈 데 없는 벌레와 길손과 인생론이 잘 어우러지는 이 막장 인생론이 왜 이일향 여사 같은 행복을 만끽한 시인에게 주어져야 하는가를 묻는 것은 어리석다. 모든 늙음 앞에 인생은 언제나 그랬고, 이 시인도 예외는 아니기 때문이다.
　여기서 이 시인은 인생을 구름과 외딴 섬과 유배(流配)로 풀이하여 노래한다.

열리는
한 바다인데
풀리지 않는 바다

빨아도
얼룩만 지는
비릿한 내 육신이여

오늘은
흰 구름 한 자락
하늘 위에 내다 건다

— 구름 해법(解法)

바다 - 열리면서도 풀리지는 않는 유동적인 존재, 아무리 빨아대도 얼룩과 비린내가 가시지 않는 육신은 바다 그 자체이자 인간의 서글픈 숙명을 지닌 육신이기도 하다. 그런 바다 위에다 내다 거는 흰 구름은 바로 우리네 삶의 실체에 다름 아니다.

3. 유배지에서의 사랑 찾기

그런데 더 서글프게도 그 구름조차 온전한 형체가 아니라 "부서진 구름"으로 길 떠나간 포구 밖에 걸린 것(「우렁이의 노래」)이라는 지적은 곧 인생일편부운멸(人生一片浮雲滅)을 절감케 해준다. 이 시에서도 갈매기도 사라져버린 갯벌에 우렁이가, 그것도 빈 껍질의 우렁이가

"제 몸 안고 혼자 운다"는 저 처절함이라니.
이런 구름 인생론이 여럿 반복된다.

  사람이 산다는 거야
  천층만층 구만층이지

  체념으로 채우는 잔
  남은 날을 바라보면

  흰 구름 한자락
  걸친 채로 타고 있다
            ─「바람도 비켜선 봄」

  세월 다 살았는데도
  아무 대책 서지 않고

  팔 벌린 고사목(枯死木)이여
  이별 같은 독경소리여

  산문에 벗어 건 그림자
  구름이나 동행할거나
             ─「구름 동행」

구름 같은 삶이 이를만한 곳으로 절해고도를 선택하는 건 당연한 귀결이다.「고도(孤島)」나「절도(絶島)의 밤」,「어화(漁火)가 있는 풍경」,「지워지지 않는 시간들」등은 구름이 머물고자 잠깐 스치는 섬이 인생살이의 실체임을 노래한 작품들이다.

섬이란 시인에게 그냥 고즈넉한 삶의 대명사가 아니라 파도소리가 생의 절규로 들리는 황량한 막장과 상통한다. 그래서일까, 봄조차도 생명의 일깨움으로서의 약동이 아닌 "고독의 왕조 / 바람도 몸을 앓는다"(「절도의 밤」)고 표현한다. 그 황량함이 오히려 곱게 들리는 건("절도엔 황량도 고운가 / 철석이는 파도소리") 시인이 이미 생의 비극을 초절했다는 증좌이다.

그 가뭇없는 바다에 "차라리 섬이나 되어 / 내가 여기 뜨고 싶네"(「어화가 있는 풍경」)라고 흐느끼는 시인. 그래서 "안개가 데리고 가버린 / 섬이 하나 가슴에 떠있다"는 여인. 그 섬이 뭣일까 궁금해 할 여유도 없이 이내 해답이 등장한다.

뭍에서 나를 데리고
이 섬으로 왔던 사람

섬과 뭍 다 남겨 둔 채
빈 바다만 출렁이네.

(중략)

바람 불고 눈이 내려도
그 바다는 그대론데

그 섬은 어디로 가고
내가 여기 섬이 되었나

         ㅡ 「지워지지 않는 시간들」

 시인을 섬으로 데려간 사람이 누굴까 묻는 건 좀 짓궂고 가혹하다. 필시 남편일시 분명하지만 누구라도 상관할 바 아니고 아니면 더더욱 감동적일 수도 있다. 중요한 것은 삶의 환희와 극치가 지나버린 현재적인 시인의 위치다. 그 섬은 간 데 없고 내가 섬이 되었다는 대목에서 인생은 인과응보로 내가 누린 만큼 거둔다는 걸 느끼게 해준다. 나만 남은 그 섬은 결국 유배지에 다름 아니다.
 "푸른 소망도 시들었나 / 무성한 절망의 넝쿨"인 시인은 "사랑도 꿈도 잠들어 / 표류하는 허전함"(「노을」)으로 변모한다. 그게 결국 "고독은 유배의 길 / 또 하나의 절도(絶島)라네"(「일몰의 기도」), "내 적막 형벌의 땅인가 / 어둠마저 물이 들고. // 당신이 주고 간 눈물은 / 봄도 없는 유배지런가"(「이승 밖의 노래」)로 이어진다. 이렇듯 유배지로서의 삶의 황량함은 생활적으로 풀이하면 남편을 잃은 슬픔의 세계에 다름 아니지만 굳이 거기에만 국한시킬 필요는 없다. 어차피 모든 생은 "여름밤의 반딧불인가 / 미로에 선 수유인생"으로 다정한 이웃들의 사별을 지켜볼 수밖에 없는, "체념이란 강둑에 앉아 / 삶이란 쉬어가는 것"(「쉬어가는 길」)이기 때문이다. 「단풍나무 가지 끝에」서도 인생 유배지 의식은 그대로 노출된다.

그럼 인생의 위로는 무엇일까.

"목숨은 시위를 떠난 / 등이 굽은 화살 같은 것"(「일몰 앞에서」)으로, 아무리 직선을 날고자 해도 포물선을 그리며 먼 지평에 부서진다는 인생관(곧 세상만사 새옹지마로 뜻대로 안됨을 비유)을 가진 시인 이일향. 그래서 "한 세상 산다는 것은 / 추억의 집 쌓아짓기"(「비망록 3」)라 열심히 살았던 것인데, 그런 허망한 삶 속에서나마 남는 게 있다면 한 방울의 이슬이 아니라 역시 사랑이 아닐까.

시인들이 저마다 가장 뜨겁게 노래했던 게 사랑의 작품들이건만 정작 이일향 시인에게는 미지근하기만 하다. "사노라면 세월 한 켠에 / 낙과처럼 내려 앉는다. // 비바람 매운 서리 / 눈물 맛도 젖어들고 // 파리한 / 마음 한구석 / 벌레 먹어 더 무겁다"(「落果」)는 존재의 무거움에서 벌레 먹음은 무엇일까? 필시 삶의 상처일 터인바, 그걸 굳이 사랑으로 해석하고 싶은 건 구름 같은, 섬에 유배된 듯한 삶에서 작은 위로란 고작 사랑밖에 없기 때문이다.

"맑은 영혼은 / 새처럼 날아가고 // 추억은 느닷없이 /

백발로 와 있는데"(「還生」)에서의 '추억'이나, "살을 에는 옥살이 같은 방 / 팔베개한 냉 방바닥 // 잃어버린 날의 회억들 / 어디 가서 다시 찾을까"(「파도에 부쳐」)에서의 '회억'은 지난 날 사랑에 대한 반추다.

그 사랑은 "당신은 꺼지지 않는 등불"(「거리에는 비 내리고」)로, "사무친 그리움은 / 하늘 넘는 만리장성 // 눈물도 누리고 싶어라 / 그게 설사 형벌이라도"(「섬 밖의 섬」)에서처럼 간절한 갈구의 대상이다. 이 절절한 소망은 이런 기원으로 바꾸어 호소력을 더한다.

주님, 고백합니다. 나는 멀고 먼 하늘나라에 계신 당신보다 가까이에 살아 숨쉬는 한 사람의 이웃이 필요합니다. 바람 불면 바람 부는 대로 등을 맞대고, 비비작거리는 저 풀잎과 같이 비비작이다가 쓰러지는 바람과 같이 한세상 열매 지고 떨어져 묻혀가는 가느단 숨결 작은 체온이 그립습니다. 주님.

-「청미래넝쿨 같이」

인간미가 풍기는 이 구절에 이르러 시인은 이성(理性)의 성곽에 가둬두었던 사랑의 실체를 드러내 보여준다. 너무나 절제된 이 사랑노래들은 이 대목에 이르러서야 열기가 난다. 그만큼 시인은 격정적이면서도 표현에서는 자제력이 강한 편이다.

4. 죽음과 신앙의 인식

시인의 생애에서 두 번째로 맞은 엄청난 충격이 1999년 8월 13일에 일어났다.

"아직 마흔세 살 / 불꽃처럼 피어나던 네가 / 꽃다운 아내와 아들 하나 딸 둘을 떼어 놓고 / 할 일 많은 세상 다 던져두고 / 가서는 안 되는 길로 들어선"(「만가(輓歌) - 아들 진규를 보내며」) 아들의 죽음이 바로 시인의 인생관을 뒤흔들었다. 오죽했으면 아들을 잃은 슬픔의 시만 모아 『그곳에서도』란 시집을 냈을까.

이 시집, 아들의 죽음 앞에 선 모정의 애절함에 대해서는 죽음의 사자 타나토스를 물리치거나 속이기도 하는 등으로 죽음을 연기한 죄로 가혹한 형벌을 받은 시지포스를 빗대어 필자가 자세히 언급한 바 있기에 여기서는 중복을 피하고 싶다.

시문학사에서 망부가나 망처가(望妻歌)는 많았어도 망자가(望子歌)는 흔하지 않은데(김광균의 「은수저」같은 몇 가지가 떠오른다), 이일향 여사는 가장 핍절한 언어로 억제되지 않는 자신의 슬픔을 토해 낸다. 그 슬픔의 파토스는 김소월의 「초혼」이나 한하운의 「전라도 길」에서나 범접할 법 한 인생의 극한치로서의 정서이다. 오죽했으면 시지포스의 형벌도 마다하지 않을 지경의 통절함이 이 시집을 관류하고 있다고 표현하겠는가.

「비망록 3」, 「이승의 강」, 「상처는 봄 풀 돋듯」, 「돛을 풀어 띄운다」, 「세월의 앙금」, 「용인 묘지에서」, 「어느 추석」, 「진혼곡」, 「타다 남은 밤」, 「가고 난 세월」, 「밀물과 썰물 사이 --사직동 시」, 「묵주처럼」, 「문패를 내리며」 등등이 아들 잃음의 통탄이나 다른 죽음과의 조우를 노래한 작품들이다.

이런 슬픔을 이기도록 버텨준 정신적인 기둥은 이일향 여사에게 두 가지를 들 수 있다. 하나는 시 창작이었고, 다른 하나는 신앙이다.

아무리 가시밭길이어도 / 내가 밟을 계명의 길이 있습니다"고 기도하는 「내 가슴 당신의 제기(祭器)에」에 담긴 충만한 신앙은 이 시인의 정신적 토양임을 느끼게 한다. 오죽하면 반지조차도 "하얀 내 손가락에 / 둥근 속죄 끼워 놓으면"이라고 자신을 닦달하면서 "몇 번을 더 걸러야 / 나의 피는 맑아질까 // 주여 당신께서 / 내게 주신 이 원죄를"(「指環을 끼고」)이라고 채근할까.

그러나 이렇게 경건하고 변하지 않는 신앙은 오히려 위선적일 수도 있다. 아니나 다를까, 이 시인은 터놓고 신에게 투정을 부린다.

주님은 하늘에 계셔
기도마저 못 미치고

차라리 끄으른 인간사
응답을 듣고 싶다.

죄스런
이 바램 앞에
님은 너무 높으신가.
-「일기 2」

시인의 추궁은 여기서 그치지 않는다. "신앙도 / 허세였던가 / 아픈 물감을 짓이긴다. // 종교도 이제 내겐 정상이 아니던가 / 지금도 목숨의 심층 / 깊고 어두운 공동(空洞)에 / 연옥의 / 끓는 불길이 / 이글이글 타고 있다"(「일기 3」)고 갈등하는 내면을 추스린다.

이렇게 정-반의 과정을 거치고서야 시인은 합의 상태에 이르러 다소곳이 "이제는 / 무릎 꿇을 그 날의 / 순명 앞에 / 섰습니다."(「그날의 기도」)고 고해한다.

이렇게 이 시인의 세계를 섭렵하고 나면 세 작품이 마무리 작업을 하도록 만든다.

"정 주면 환한 살결 / 눈길 주면 젖은 바람"으로 시작하는 「정원 반석(盤石)」과, "하 많은 생각들을 / 빈 하늘에 그리면서 / 회나무 속 울음소리 / 휘모리로 치는구나"라는 「회나무 독백」이다. 다 노년의 인생과 맞닿아 있는 삶의 슬기가 느껴지는 작품들이다.

구름처럼 섬처럼 살다가는 삶, 그러고 보니 인생 별 것 아니구나 싶지만 그래도 남는 건 있다. 누구나 사람들은 자기만의 흑진주 하나는 남긴다.

> 사랑을 범연히 하여
> 꿈으로만 물들었고
> 이별은 소문만 남아
> 저녁놀로 피어있네
> 하늘로
> 돌아간 넋인가
> 눈 감아도
> 빛날 별빛
>
> —「흑진주」

사랑도, 이별도, 죽음조차도 어쩌지 못할 인생, 그게 참다운 삶일 것이다. 죽고 나서도 남는 삶, 그게 흑진주일 것인데, 그게 시일 수도, 사랑일 수도, 신앙일 수도 있겠다. 어쩌면 이 셋을 다 추구했던 시인이 이일향 여사일 시 분명하다.

이일향 연보

1930년　경북 대구에서 아버지 李雪舟와 어머니 徐貴會 사이의 남매중 맏딸로 태어 남.
1947년　경복여고 졸업.
1950년　11월 9일 출판사를 하는 朱仁龍과 결혼. 2남 3녀를 둠. (진우, 영주, 연아, 진규, 안나)
1952년　대구에 처음 생긴 효성여대 국문과에 입학.
1955년　수학 중.
　　　　여기에서 其常 선생님을 만나 훗날 나의 문단 생활에 큰 빛이 되어 주셨다.
1979년　남편을 떠나 보내고.
1980년　아버지 권유로 白水정완영 선생님께 시조를 사사하기 시작했음.
1983년　시조문학 추천 완료하고, 첫 시조집 『雅歌』를 출간.
1984년　남편의 號를 따라 醉岩장학재단 설립하고 이사장 취임.
1985년　제2시조집 『指環을 끼고』 출간.
1988년　제3시조집 『세월의 숲속에 서서』 출간.
1990년　제4시조집 『밀물과 썰물 사이』를 회갑 기념으로 출간.
1991년　윤동주 문학상(우수상)수상.
1991년　중앙 시조대상 신인상.
1992년　신사임당 수상.

1993년   제5시조집 『惜日堂詩抄』 출간.
1993년   노산 문학상 수상.
1995년   제6시조집 『구름해법』 출간.
1998년   제7시조집 『시간속에서』 출간.
1998년   제8시조집 選集 『목숨의 무늬』 출간.
1999년   정운 문학상 수상 詩選集 『목숨의 무늬』
2000년   제9시조집 『그곳에서도』 출간.
2006년   제10시조집 『구름 同行』 출간.